BEI GRIN MACHT SICH IHR WISSEN BEZAHLT

Bibliografische Information der Deutschen Nationalbibliothek:

Die Deutsche Bibliothek verzeichnet diese Publikation in der Deutschen National-
bibliografie; detaillierte bibliografische Daten sind im Internet über http://dnb.d-
nb.de/ abrufbar.

Impressum:

Copyright © 2016 GRIN Verlag, Open Publishing GmbH
Druck und Bindung: Books on Demand GmbH, Norderstedt Germany
ISBN: 9783668380455

Dieses Buch bei GRIN:

http://www.grin.com/de/e-book/342537/welche-einflussfaktoren-sind-im-rennrad-
sport-relevant-fuer-kraftuebertragung

Anna Kilian

Welche Einflussfaktoren sind im Rennradsport relevant für Kraftübertragung und Leistung?

GRIN Verlag

GRIN - Your knowledge has value

Der GRIN Verlag publiziert seit 1998 wissenschaftliche Arbeiten von Studenten, Hochschullehrern und anderen Akademikern als eBook und gedrucktes Buch. Die Verlagswebsite www.grin.com ist die ideale Plattform zur Veröffentlichung von Hausarbeiten, Abschlussarbeiten, wissenschaftlichen Aufsätzen, Dissertationen und Fachbüchern.

Besuchen Sie uns im Internet:

http://www.grin.com/

http://www.facebook.com/grincom

http://www.twitter.com/grin_com

Schule: Sportschule im Olympiapark- Poelchau- Schule
Kurs: Sportwissenschaften
Schuljahr: 2016/17

Abgabedatum: 11.10.2016

Wissenschaftliche Hausarbeit zum Thema:

Welche Einflussfaktoren sind im Rennradsport relevant für Kraftübertragung und Leistung?

Verfasserin: Anna Kilian
Semester: Q2

Inhaltsverzeichnis

1. Einstieg

Diese Facharbeit beschäftigt sich mit dem Thema Fahrrad. Im Speziellen mit dem Rennrad. Jeder hat sich schon einmal gefragt, wie die „Profis" z.B. bei der „la tour de France" das machen. Häufig über hundert Kilometer pro Tag und nur wenige Tage Ruhe in drei Wochen. Nun, vieles davon ist Training, aber ein erheblicher Teil wird durch die Biomechanik bestimmt. Ich beschäftige mich auf den nachfolgenden Seiten genauer mit dem Thema der optimalen Sitzposition und weswegen diese entscheidend ist und warum der sogenannte runde Tritt so erstrebenswert ist und ob dieser überhaupt existiert.

1.2. Ziel der Arbeit

Ziel der Arbeit ist es, herauszufinden und zu erläutern, welche Einflussfaktoren im Rennradsport relevant für die Kraftübertragung sind. Hier gilt der Tretkurbel, der Sitzposition und den jeweiligen Winkeln der einzelnen Gliedmaßen im Verhältnis zueinander besondere Beachtung. Allerdings werden auch andere Aspekte angesprochen.

1.3. Vorgehensweise der Arbeit

Im ersten Schritt gehe ich auf die Geschichte des Fahrrads ein. Zudem betrachte ich die Entwicklung vom damaligen zum heutigen Fahrrad. Dort liegt ein besonderer Schwerpunkt auf den Materialien und der damaligen Sitzposition. Darauf folgend vergleiche ich die heutigen Materialien mit den damaligen Materialien und Gegebenheiten. Im dritten Kapitel werde ich mich mit den körperlichen Faktoren auseinandersetzen und die Vor- und Nachteile für den Sportler bei Einnahme eines Medikaments hervorheben. Anschließend beschäftige ich mich im 4. Kapitel damit, warum ein Fahrrad überhaupt fährt und dabei nicht umkippt. Danach komme ich auf das Hauptthema der Arbeit zu sprechen und erkläre in Kapitel 5 warum die sogenannte optimale Sitzposition so wichtig ist und was mit ihr einher geht. In Kapitel 6 beschäftige ich mich mit der Trittbewegung und gehe speziell auf den „runden Tritt" ein. Im 7. Kapitel beschäftige ich mich mit den Reibungsfaktoren und den Widerständen die beim Fahrrad fahren wirken.
Im letzen Kapitel werde ich alles zusammenfassen.

2. Geschichte

Der Vorläufer des Fahrrads war die Draisine. Diese Idee wurde 1817 von Karl Freiherr von Drais entwickelt. Er hatte die Vision, von einen einspurigen zweirädrigen Gefährt. Auf diesem sollte die fahrenden Person sitzen und sich mit den Beinen abstoßen. Die fahrende Person sitzt auf einem gepolsterten Holzbalken der ein Teil des Rahmens ist. Die beiden Laufräder sind auch am Rahmen befestigt, zudem hat die Draisine sogar eine Bremse. Karl Drais soll (sogar) auf dieser Laufmaschiene eine 50 km lange Strecke in vier Stunden zurückgelegt haben.

Abbildung 1: Draisine

1861 wird das sogenannte Tretkurbelveloziped eingeführt, das von dem Franzosen Ernest Michaux erfunden wurde. Hierbei ist die Besonderheit, dass es einen Tretkurbelantrieb hat. Das bedeutet, dass sich die Pedale mit dem Vorderrad mit drehen. Zudem ist der Vorderraddurchmesser etwas größer als der Hinterraddurchmesser, was dazu führt, dass höhere Geschwindigkeiten erzeugt werden können. Es hat einen Stahlrahmen, Sattelträger die gefedert sind, was einen höheren Komfort bedeutet und es hat Bremsen, Räder mit Speichen und Gummibereifung die in einer eigens dafür errichteten Fabrik in höhen Stückzahlen hergestellt wurden.

Abbildung 2: Tretkurbelveloziped aus den achzehnhundertsiebziger Jahren

1869 wird das Hochrad von Eugène Meyer in Paris erfunden. Mit diesem Modell können noch höhere Geschwindigkeiten erreicht werden. Der Vorderraddurchmesser ist ca. dreimal so groß wie der des Hinterrads. In den folgenden Jahren wird der Vorderraddurchmesser immer weiter erhöht. Dadurch erhöht sich allerdings auch der Schwerpunkt des Gefährts wodurch es vermehrt zu schweren Stürzen kam. Da es mit einem höheren Schwerpunkt wesentlich schwieriger ist das Gleichgewicht zu halten, werden sogenannte:,,förmliche Schule zur Einübung im Velocipedereiten" eingerichtet (*Hochmuth, Andreas. (1991).S. 28)*, *(vgl. Ebikesunioldenburg. 2016.)*. Diese Schulen verschwanden allerdings auf Grund des Krieges wieder relativ schnell.

Abbildung 3: Hochrad

Um 1885 war in Deutschland und Österreich erstmals das Niederrad erhältlich. Vertreter dieser Gattung waren das ,,Kangaroo" der Firma Hillmann, Herbert & Cooper und das ,,Xtraordinary" von Singer & Co. Beide Konstruktionen versetzen den Sattel - und somit den Schwerpunkt - weiter nach hinten. Die Pedalposition wurde ebenfalls tiefer gelegt und somit nicht direkt an der Vorderachse saßen. Das hatte zur Folge, dass eine Kette benötigt wurde. Da das Prinzip des Kangaroo derart erfolgreich war, hatte bald jeder Fahrradhersteller ein Modell dieser Art in seinem Sortiment. Mit diesem Modell konnten wesentlich höhere Geschwindigkeiten als noch mit dem Hochrad erreicht werden *(vgl. Hochmuth, Andreas. (1991). S. 33-34).*

Abbildung 4: Niederrad

Das Starleys ,,Rover III" seitdem Jahre 1887 wird als der Prototyp des modernen Fahrrads bezeichnet, da sich im wesentlichen kaum etwas am Grundaufbau verändert hat (Hochmuth, Andreas. *(1991). S.34).*
Es war hauptsächlich aus Stahl gefertigt, besaß zwei gleich große voll gummibereifte und mit Drahtspeichen versehene Laufräder und einen Trapezrahmen.

Abbildung 5: ,,Rover III"

2.1. Anfänge des Rennradsports

Zu Anfang galt das Fahrradfahren als Damen- oder Altherrensport *(vgl. Hochmuth, Andreas. (1993). S. 25).* Wirklich populär wurde der Sport erst mit dem Aufkommen von Hochrädern und später auch mit der Entwicklung des Niederrads. Die damit einhergehenden hohen Geschwindigkeiten erfreuten sich hoher Beliebtheit. Das Radfahren als „männliches Kräftemessen" hatte auch einen wesentlich höheren Stellenwert als das allgemeine Radfahren des normalen Bürgers auf der Straße.

Da sich immer mehr Menschen am Radfahren erfreuten, wurden schon bald Radvereine gegründet, die auch häufig die Organisation größerer Rennen übernahmen.

Durch die rapide technische Entwicklung wurden immer neue Geschwindigkeitsrekorde aufgestellt. (Hochmuth, Andreas. *(1991). S. 29).*

1865 wurde eines der ersten Rundfahrrennen in größerem Rahmen Ausgetragen und war gleichzeitig das Weltpremieren-Rennen von Michaulinenfahrern. Der Austragungsort war die Stadt Amien, welche in Frankreich liegt und Sieger war der Franzose Savoyard Cavigneaux. Das Rennen wird heutzutage immer noch ausgetragen.

2.1.1. Aufbau Rennrad/ Fahrrad

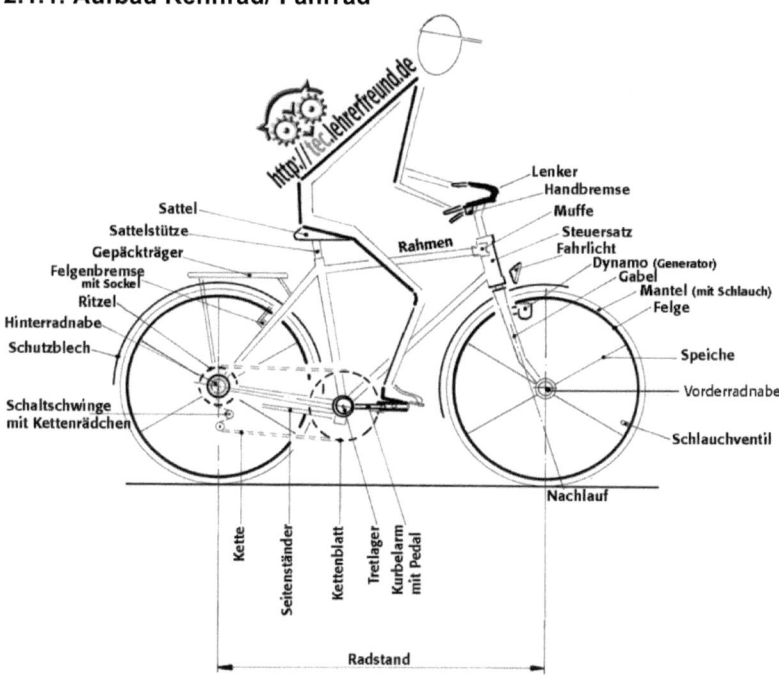

Abbildung 6: Teile eines Fahrrads

2.2. Das erste „Rennrad"

Als das erste Rennrad wird das Hochrad bezeichnet, da man mit diesem Gefährt die ersten „großen Rennen" durchführte und es im Vergleich zu den vor-
hergehenden Modellen wesentliche höhere Geschwindigkeiten erreichen konn-
te, da der Vorderraddurchmesser sehr hoch war.

2.2.1. Unterschiede

Tabelle 1: die Unterschiede zwischen dem heutigen Rennrad und einem Hochrad

	Heutiges Rennrad	**Hochrad**
Sitzposition	- Kniegelenkmitte befindet sich in der Druckphase über dem Pedal	- Kniegelenkmitte befindet sich in der Druckphase hinter dem Pedal
Armwinkel	ca. 150°	> 90°
Oberkörperwinkel zur Horizontalen	ca. 45°-50°	ca. 20°-10°
Schaltung/ Übersaetzung	3x11 Gänge mit Freilauf	starrer Gang
Lenker	Rennradlenker oder auch Bügellenker - erlaubt die unterschiedlichsten Griffpositionen	viele Lenker haben eine Schnurrbartform bei der die Lenkstange links und rechts Vertiefungen für die Beine hat
Laufräder	- Carbonfelgen, Naben, Speichen - die einzelnen Komponenten sind meist nicht austauschbar (bsp. bei einem Speichenschaden kann die Speiche nicht einzeln ausgewechselt werden)	- Stahlfelgen, Naben - ggf. Kupferspeichen
Materialen	hauptsächlich Carbon, aber auch Titan und Aluminium	fast ausschließlich Stahl
Sattel	aus Carbon/(Aluminium) und Synthetischen Stoffen	aus Eisen und Leder
Aerodynamik	eine geringe Stirnfläche vorhanden	größere Stirnfläche aufgrund des nicht vorhandenen Oberrohrs

3. Physiologische Grundlagen

Die körperlichen Vorraussetzungen für den Rennradfahrer bestehen hauptsächlich in der Grundlagenausdauer (sehr gut trainierbar). Diese ist durch die Dauermethode gut trainierbar und zielt darauf, die Anzahl der langsamen (dunklen, tonischen) Fasern vermehrt auszubilden, damit längere Strecken in höherer Geschwindigkeit absolviert zu werden. *(vgl. Markworth, Peter. (2010). S. 60, S. 62.)*
Zudem ist das Körpergewicht von relativ hoher Bedeutung, da der Rollwiderstand und Luftwiderstand bei höherem Körpergewicht und einem mehr an Körpermasse höher und nicht zu vernachlässigen ist. *(vgl. Neumann, G..Deutsche Zeitschriftt für Sportmedizin, S. 170.)*

3.1. Doping (Definition)

Unter Doping versteht man den Versuch der Steigerung der Leistungsfähigkeit mit Mitteln und Methoden, die verboten sind. *(Schmidt, Achim. (1994). S. 198.)*
Aufgrund dieser Definitionen ist erkennbar, dass Doping darin besteht, mithilfe von Pharmazeutika und anderen Methoden seine Leistung zu steigern. Zudem gibt es seit kurzem das so genannte E-Doping im Radsport. Hierbei wird ein im Sattelrohr versteckter Motor verwendet der über elektromagnetische Kraft be-

trieben wird. Dieser unterstützt die fahrende Person in Bezug auf Kraft und Schnelligkeit. Allerdings ist bisher noch bei keinem Profisportler diese Form des Dopings nachgewiesen worden, aber es bestehen entsprechende Vermutungen.

Dies ist heutzutage ein sehr weitverbreitetes Problem und ist nicht als Förderlich für fairen Sport zu betrachten. (Römer, Jörg. Spiegel online. 2016.)

E-Doping im Radsport

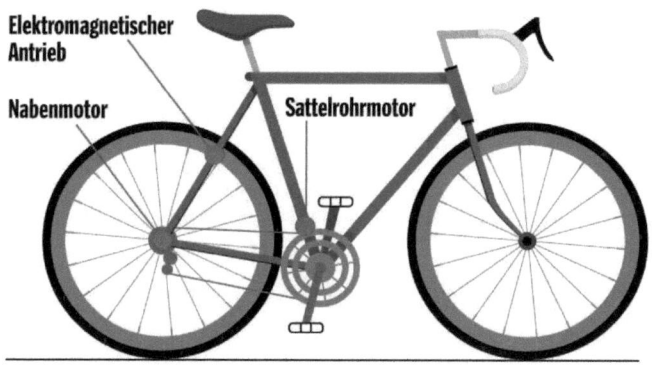

Abbildung 7: Motor beim E-Doping im Radsport

3.1.1. Gängige Dopingsubstanzen im Radsport

Die meist genutzten bzw. gängigsten Präparate zur Leistungssteigerung im Radsport sind Epo (Erythropoetin) und Aicar. Epo hilft im Krankheitsfall gegen Blutarmut, stärkt Patienten nach schweren Operationen und Chemotherapien. Aicar sorgt für Fettabbau und Gleichzeitig für die Stärkung der Muskulatur. *(vgl. Tagesspiegel. Mustroph, Tom. 2013.)*

Bei gesunden Leistungssportlern bzw. gesunden Menschen sorgt Epo für einen Zuwachs an Sauerstoff im Blut, wodurch der Zeitpunkt der Laktatproduktion nach hinten verschoben wird *(vgl. Markworth, Peter. (2010). S. 249)*.

Aicar lässt die Anzahl der Mitochondrien, die auch Kraftwerke der Zellen genannt werden, da sie ATP (Adenosintriphosphat) herstellen, das im Allgemeinen Sprachgebrauch auch als Energie bezeichnet wird. *(vgl. Markworth, Peter. (2010). S. 72.)*

Dies hat den Effekt, dass die Ausdauerleistung verbessert wird.

Des Weiteren greifen Radsportler/innen häufig auf Stimulanzien zurück. Diese bewirken, dass die Leistungsfähigkeit zeitlich erhöht wird und Schmerzen verringert werden, die durch Überbelastungen auftreten können. Schmerzen werden mithilfe von sogenannter Narkotika unterdrückt. Diese sind in recht großer Vielfalt und Anzahl am Markt verfügbar und einfach zu „beschaffen". Die Einnahme dieser Präparate kann dazu führen, dass Sportler/innen ihre autonom geschützen Reserven anzugreifen, weil sie nicht merken, das ihr System überlastet ist. Autonom geschützte Reserven sind die Reserven, die der Körper „antastet", wenn er unter z.B. Todesangst steht oder Hypnotisiert ist. Das kann zur völligen Erschöpfung bzw. zum Tod führen.

7

(Weineck, A.; Weineck, J.. S. 18.)
(Schmidt, Achim. (1994). S. 199.)

4. Wie fährt ein Fahrrad?

Der Grund, warum ein Fahrrad während des Fahrens nicht einfach umkippt, ist, dass es die ganze Zeit kippt. Allerdings neigt sich das Fahrrad immer von der einen auf die andere Seite. Aus diesem Grund fährt man immer Schlangenlinien, auch wenn dies nicht offensichtlich ist. Die Fliehkraft ist entscheidend für die Stabilität, sie drückt während einer Kurve nach außen. Wenn man nach rechts kippt muss man nach links wieder ausgleichen, die nach links gerichtete Fließkraft richtet das Fahrrad dann wieder auf. Aus diesem Grund ist es auch weniger schwer das Gleichgewicht zu halten, wenn die Geschwindigkeit höher ist. Es ist allerdings nicht möglich, mit beiden Reifen in einer Straßenbahnschiene oder ähnlichem zu fahren, da dann die Bewegung zum Ausgleichen nicht mehr erfolgen kann. *(vgl. WDR. Zugriff 2016.)*

Das Interessante ist, dass man, wenn man ohne die Hände am Lenker zu haben fährt, trotzdem das Gleichgewicht halten kann, da man dann mit Hilfe des Körperschwerpunkts ausgleichen kann. *(vgl. Dobrinski, Paul; Krakau, Gunter; Vogel, Anselm. (2010). S.118.)*

5. Warum ist die „optimale Sitzposition" so witzig?

Die optimale Sitzposition ist so wichtig, da durch sie gewährleistet wird, dass die zur Verfügung stehenden kinetischen Kräfte, die hier in Form von Muskulatur gegeben sind, optimal genutzt werden und somit einen minimale Kraftverbrauch bei optimal hoher Leistung erzielt (*vgl. Michael Gressmann. S.178*), ohne dabei Verletzungen, Fehlbelastungen oder Verschleißerscheinungen in Kauf nehmen zu müssen.

5.1. Die optimale Sitzposition

Die optimale Sitzposition hat die fahrende Person, wenn sie mit optimaler Kraftübertragung. Es ist möglich ohne gesundheitliche Probleme über einen längeren Zeitraum zu fahren und zu sitzen, ohne eine Überlastung an Muskeln, Sehnen und Gelenken zu spüren. Voraussetzung hierfür ist, ein gewisses Maß an häufiger Bewegung gewöhnt zu sein, wie dies z.B. ein Leistungssportler ist. Der Winkel der Arme (Ellenbogen) sollte ca. 150° betragen. Der Oberkörper sollte zu der Horizontalen einen Winkel von ca. 40° - 50° haben. Die Kniegelenkmitte befindet sich in der Druckphase senkrecht über der Pedalachse (Mittelfuß). *(vgl. Gressmann, Michael. (1993). S.176).* Hat eine fahrende Person nicht die optimale Sitzposition, ist der runde Tritt enorm beeinträchtigt! *(vgl. Gressmann, Michael. (1993). S.201)*

5.2. Die Fußposition

Der Fuß überträgt die Zug-, Druck-, Schub- und Hubkräfte über den Ballen auf das Pedal. Um den sogenannten runden Tritt vollziehen zu können, muss beachtet werden, dass die Fußspitze eine „lockere" Auf- und Abbewegung vollführt. Diese Bewegung sollte aus dem Sprunggelenk eine Schwenkbewegung sein. Das ist förderlich für die Kraftübertragung und zeichnet den Pianostil (s.S.15) aus. (vgl. *Gressmann, Michael. (1993).* S.183)

5.3. Findung der Sitzposition

Die Findung der Sitzposition kann sehr langwierig sein, da wenige Millimeter dafür verantwortlich sein können, ob z.B. mehr Kraft und somit auch höhere Geschwindigkeiten bei gleichem Kraftaufwand erzeugt werden oder nicht. Um die richtige Sitzposition zu finden, sollte die fahrende Person die Rennposition einnehmen. Mit Hilfe eines Lots kann bestimmt werden, ob das Kniegelenk senkrecht über der Pedalachse ist. Dementsprechend wird der Sattel nach vorne oder hinten verschoben. Zusätzlich kann eine andere Kurbelarmlänge gewählt werden. Die Höhe des Sattels wird bestimmt indem sich die fahrende Person auf das Fahrrad setzt und mit dem gestreckten Bein in der untersten Stellung gerade noch berührt und das Becken gleichzeitig waagerecht bleibt. Um die korrekte Sattelneigung zu bestimmen stellt man den Sattel horizontal ein, wenn die fahrende Person während der Fahrt das Gefühl hat, dass etwas „stört", „scheuert" o.ä. sollte die Sattelneigung verstellt werden. *(vgl. Gressmann, Michael. (1993). S. 200 - 204)*

5.4. Orthopädische Überlastungsschäden

Überlastungsschäden treten auf, wenn die Auswirkungen von sich wiederholenden Reizen die Toleranzgrenzen bestimmter anatomischer Strukturen überschreiten. Diese Schäden treten meistens am Bewegungsapparat auf (Muskeln, Sehnen, Gelenke, Bänder, Knochen). *(Schmidt, Achim. (1994). S. 176.)*

Überlastungsschäden treten meist auf, wenn z.B. ein Gelenk über einen langen Zeitraum „falsch" belastet wird. Dies bedeutet im Radsport, dass z.B. die Sitzposition falsch war/ist oder daß die Maße des Fahrrads nicht auf den Fahrer individualisiert waren/ sind.

Das im Vergleich, zu anderen Sportarten positive am Radsport ist, dass ein Großteil des Körpergewichts vom Fahrrad getragen wird. Die Belastung er Gelenke ist geringer als beispielsweise beim Laufsport. Allgemein gilt der Radsport als gelenkschonende Sportart.

Wenn Radsportler/innen Schmerzen beim Pedalieren/Fahren haben, ist das meist auf Verletzungen durch Unfälle zurückzuführen. Allerdings liegt meistens das Hauptaugenmerk auf den Beinen (Knie, Hüftgelenk), hierbei ist aber der Rücken und Rumpfbereich des Körpers nicht zu vernachlässigen. *(vgl. Schmidt, Achim. (1994). S. 176-177.)*

Und zwar ist der Rumpfbereich (Bauchmuskulatur, Lendenmuskulatur) auch sehr hohen Belastungen ausgesetzt, aus diesem Grund leiden Radsportler/innen häufig unter Rückenschmerzen. Da ein Rennrad wie z.B. ein Mountainbike keine Federung hat, ist der Körper teilweise starken Erschütterungen ausgesetzt und der Lendenbereich muss die Erschütterungen „abfangen", um innere Organe zu schützen. Des weiteren sollte der Halswirbelsäule und dem Nacken mehr Aufmerksamkeit gewidmet werden, da 43,1 % der Rennradfahrer/innen dort während des Radfahrens Schmerzen haben. Das ist darauf zurückzuführen, dass der Nacken beim Radfahren meist überstreckt (Lordose) ist und der Kopf, der durchschnittlich 7 kg wiegt, gehalten werden muss um ein gutes Sichtfeld zu erhalten.

Zudem haben 37,4 % der Rennradfahrer/innen während des Fahrens Schmerzen in den Händen und Fingern. Grund dafür ist, dass während der Fahrt der Lenker stark umklammert wird. Eine häufige Diagnose ist hier der „Tennisarm"

(Epicondylitis). Hier sind die Sehnenansätze von Muskeln des Unterarms gereizt oder/und entzündet und sorgen für Schmerzen.
(vgl. rontera, Walter R.; Silver, Julie K.; Rizzo, Thomas D., Jr..(2015). S.113.)
(vgl. Sovndal, Shannon. (2010). S. 99, 103, 105, 47.)
(vgl. Schmidt, Achim. (1994). S. 186, 175.)

5.4.1. Prävention

Da die meisten Verletzungen im Rennradsport durch Stürze entstehen, ist es für Rennradsportler/innen sehr wichtig, dass ein Sturzhelm getragen wird. Dieser sorgt dafür, dass im Fall eines Sturzes Kopfverletzungen verringert werden. (vgl. Lob; Richter; Pühlhofer; Sigrist (2008). S.76.)
Zudem ist das Training der am meisten beanspruchten Muskelgruppen von hoher Priorität, da diese sonst zu stark überlastet sind. Zu diesen gehören: Halswirbelsäule, Brust- und Lendenwirbelsäule, Knie. Hier ist der Biomechanik und vor allem der Sitzposition besondere Aufmerksamkeit zu schenken, da sonst falsche Belastungen begünstigt werden können. Zudem besteht die Gefahr, dass es zu Durchblutungsstörungen im Bereich der unteren Extremität kommt. Hier ist besonders die a. femoralis im Leistenbereich betroffen, da diese durch die aerodynamische Postion elongiert (Abgeknickten/ gedehnten) wird und es somit zu einer Ischämie (Minderdurchblutung, Durchblutungsausfall) des betroffenen Beines kommen kann. Diese Gefahr kann allerdings durch einen Bypass oder durch ein endoskopisches Lösen der elongierten Arterie gelöst und die Ischämie verhindert werden.
(vgl. Grifka, Joachim; Engelhardt, Martin; Krüger-Franke, Michael; H. Siebert , Christian (2005). S. 118.)
Außerdem ist die Ernährung nicht zu vernachlässigen, da die fahrende Person darüber ihre Energie bezieht und diese immer ausreichend zu Verfügung stehen muss, um gleichbleibende Leistungen abrufen zu können.
(Leitzmann; Müller; Michel; Brehme; Triebel; Hahn; Laube. S. 216.)

6. Die Trittbewegung

Unter der Trittbewegung oder auch dem Pedalieren versteht man eine technisch korrekte, geschmeidige und flüssige Bewegung des Tretens. Das Knie macht keine Ausweichbewegungen und wird eng am Rahmen geführt. Um keine Energie unnötig zu vergeuden, sollten der Kopf und der Oberkörper so ruhig wie möglich gehalten werden. Bei schweren Bergphasen/Etappen oder im Sprint sollte der Oberkörper zur Unterstützung bewegt werden. Die hauptsächliche Kraft für den Kurbelumdrehungszyklus sollte aus der Muskulatur kommen. Zusätzlich arbeiten Rumpf-, Becken- und Armmuskulatur, denn Sie sind dafür „verantwortlich", dass gewissermaßen ein Widerlager besteht. Der Begriff Widerlager bedeutet, dass eine Art Muskelschlinge über die Hand, den Arm, die Schulter, den Bauch und den Rücken entsteht die rhythmisch die Seiten wechselt. Die Funktion wird am meisten im Wiegetritt in hohen Gängen verwendet und benötigt. *(vgl. Schmidt, Achim. (1994). S. 233.).*

6.1. Der runde Tritt

Beim Fahren mit perfektem runden Tritt werden fast alle Muskeln der unteren Extremität benutzt. Diese zyklische Bewegung wird in drei Phasen unterteilt, die in den folgenden Abschnitten genauer erklärt werden *(vgl. Gressmann, Michael. (1993). S.161).* Beim runden Tritt ist besonders wichtig, dass das Gewicht des

„Leerbeines", das in der Tretphase angehoben werden muss, aktiv angehoben wird. Zwar unterstützt das Trittbein mit seinem Eigengewicht die Kraft beim Treten, allerdings kompensiert diese Kraft nur die nicht aufgewandte Kraft des Leerbeines, sodass man aus diesen Effekt keinen Profit erzielt, wenn man das Leerbein nicht zusätzlich nach oben zieht. Wenn man nun einen unrunden Tritt graphisch darstellen würde und die Flächeneinheiten (FE) mittels der Integralrechnung ausrechnen würde und dies nun mit einem runden Tritt vergleichen würde könnte man erkennen, dass man ca. 36% der auf gewendeten Kraft vergeudet und sich somit nur 64% seiner aufgebrachten Leistung zum Nutzen macht.

Allerdings beherrschen nur ca. 2% der professionellen Fahrradfahrer der runden Tritt und dieser muss meist nach einer längeren Pause wieder neu erlernt werden *(vgl. Gressmann, Michael. (1993). S.161).*

6.1.1. Die Trittphasen

Die drei Phasen überlagern sich beim runden Tritt und liefern gemeinsam zur Pedalkraft „ihren" Beitrag. Sie sind für den Druck- und Zughub verantwortlich. Schub und Zug nennt man Kickstil. *(vgl. Gressmann, Michael. (1993). S. 162.)*
Sie heißen Hackstil, Kickstil und Piano- oder Trittstil. Beim Hackstils wird vor allem die Oberschenkelmuskulatur verwendet. Beim Kickstil wird vor allem die Unterschenkelmuskulatur verwendet und der Pianostil ist durch eine Schwenkbewegung im Sprunggelenk gekennzeichnet.

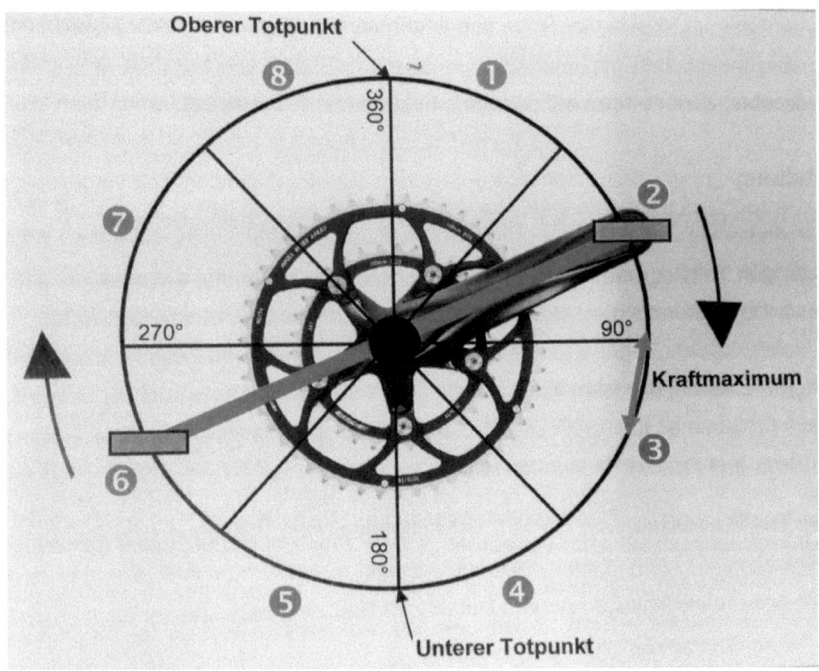

Abbildung 8: Trittphasen

Die Pedalkraft wirkt als Tangentialkraft. Man kann den runden Tritt in 8 Phasen einteilen, trotz unterschiedlicher Krafteinteilung. Die Tangentialkraft ist in allen Phasen gleich groß. Bei „1 Schub, bei 2 Schubdruck, bei 3 Druck, bei 4 Zugdruck, bei 5 Zug, bei 6 Zughub, bei 7 Hub, bei 8 Hubschub." *(Gressmann, Michael. (1993). S. 162.)* Bei allen Hubelementen wird vorausgesetzt, dass die Füße am Pedal befestigt sind.

6.2. Störfaktoren für den runden Tritt

Die Problematik des Runden Tritts besteht darin, dass die gesamte Pedalkraft tangential auf das Pedal übertragen werden muss, da tangential aber keinen Spielraum lässt, ist dies sehr schwer zu erreichen. (vgl. *Gressmann, Michael. (1993). S. 161.)* Ein weiterer Punkt der Problematik besteht darin, dass es eine Umkehrphase zwischen Punkt 8 und Punkt 1 gibt, denn zwischen Hubschub- und Schubkomponente legen viele radfahrende Personen oft eine unterbewusste Pause ein. Dies führt dazu, dass sie für eine hundertstel Sekunde die zyklische Bewegung unterbrechen und somit einen Kraftverlust verbuchen müssen. (vgl. *Gressmann, Michael. (1993). S. 162.)* Eine andere Störkomponente könnte auch eine nachgiebige Schuhkomponente sein. Aus diesem Grund tragen die meisten Rennradfahrer Schuhe mit einer steifen Sohle aus Holz- oder Kunststoffsohle *(vgl. Gressmann, Michael. (1993). S. 163).*

6.3. Die beteiligten Muskelgruppen/Extremitäten

Beim Pedalieren runden Tritt" sind nach *Gressmann ((1993). S. 169.*) drei Skeletteile der unteren Extremität beteiligt:

- Der Oberschenkel:
    Der Oberschenkel ist für den Teil des Hackstils zuständig.
    Das Bewegliche Kniegelenk begrenzt die Hebellänge und das Hüftgelenk dient als ruhender Pol. Hier wird hauptsächlich die Hüft- und Oberschenkelmuskulatur eingesetzt.
- Der Unterschenkel:
    Der Unterschenkel ist den Kickstil verantwortlich. Mit den Schien- und Wadenbein schwenkt er im Kniegelenk hin und her. Streckung nach vorn bedeutet am Pedal Schub und eine Beugung nach hinten bedeutet Zug nach hinten.
- Der Fuß:
    Der Fuß ist für den Teil des Pianostils (Trittstil) verantwortlich.
    Die Hebellänge des Fußes ist die Entfernung vom Großzehengrundgelenk bis zum oberen Sprunggelenk. Die Fußspitze hebt und senkt sich durch eine Schwenkbewegung im Sprunggelenk.

6.4. Trainingsmöglichkeiten für den runden Tritt

Es gibt mehrere Möglichkeiten den Runden Tritt zu schulen. Für ein hohes Leistungsniveau ist es unerlässlich, diesen zu beherrschen oder sich dem zumindest auf ein Minimum an Abweichung anzunähern.

- Einbeintraining:
    Eine weitere Möglichkeit ist das Einbeintraining. Hier lässt sich gut üben bzw. erfahren, wie es sich anfühlt, immer Kraft auf das Pedal auszuüben, da man sonst nicht voran kommen würde. Hier muss sich die fahrende Person durchgängig auf die Zug-, Schub- und Druckphase konzentrieren.
    Diese Übung kann in jedes Training eingebaut werden und sollte pro Bein mit drei Durchgängen über 50 Umdrehungen gefahren werden.
- Langsam = bewusst:
    Bei der Methode ,,Langsam = bewusst" werden große Gänge zusammen mit niedrigen Tretfrequenzen gefahren. Dies soll ein bewussteres Koordinieren und Variieren der einzelnen Zugphasen bewirken. Dadurch werden alle Phasen des Kurbelumdrehungszyklus bewusster durchgeführt und sind dadurch besser abrufbar.
- Starrer Gang:
    Diese Methode ist das Gegenteil der ,,langsam = bewusst" Methode. Hier werden sehr hohe Trittfrequenzen in einem starren Gang verwendet, da die fahrende Person dort durchgängig treten muss. Die Übersetzung ist so klein wie möglich, da die Geschwindigkeit nicht von hoher Bedeutung ist und der Nutzen des Starrlauftrainings umso größer ist.
    Diese Methode wird hauptsächlich in der Vorbereitungsperiode angewendet und auf möglichst flachen Strecken vollzogen und sollte insgesamt ca. 500 - 1000 km andauern.
- Visualisieren:

Diese Methode „fängt im Kopf an". Das bedeutet, dass die fahrende Person sich die Bewegung vorstellt und visualisiert. So kann die Bewegung „trocken" vollzogen werden. Das bedeutet, dass die Person sich z.B. auf einen Stuhl o.ä. setzt und die Bewegung nachahmt.
(Schmidt, Achim. (1994). S. 236-237.)

6.5. Wiegetritt

Der Wiegetritt wird vornehmlich genutzt um kurzzeitig zu beschleunigen, beim Sprint, beim schnellen Anfahren aus dem Stand oder wenn der Steigungswiderstand zu hoch ist, wie z.B. in den Bergen. Unterschieden wird zwischen dem schnellen und dem langsamen Wiegetritt.

- Der schnelle Wiegetritt:
> Der schnelle Wiegetritt wird beim kurzeitigen Beschleunigen genutzt, hier müssen große Trägheitskräfte überwunden werden. Die fahrende Person muss mit hohem Krafteinsatz und hoher Trittfrequenz fahren und dann verlagert die Person in der Druckphase das Körpergewicht auf das sich streckende Bein und zieht parallel das andere Bein hoch (Zugphase). Zusätzlich vergrößert sich die Pedalkraft, wenn die Rumpf- und Armmuskulatur ruckartig am Lenker (der entgegengesetzten Seite) zieht. Wenn die Person nun z.B. das rechte Bein hinunter drückt, kippt sie das Rad nach links, zusätzlich drückt sie den Lenker mit der linken Hand nach unten und zieht ihn mit der rechten Hand hoch.
> Wenn diese Technik in Sprints angewendet wird, ist zusätzlich wichtig, dass eine niedrige Körperhaltung eingenommen wird, da bei hohen Geschwindigkeiten der Luftwiderstand eine große Rolle spielt. *(vgl. Gressmann, Michael. (1993). S. 186)*

- Der langsame Wiegetritt:
> Der langsame Wiegetritt wird angewendet, wenn die fahrende Person einen zu Starken Steigungswiderstand hat. Dies kommt meist an Bergen vor. In diesem Fall geht die Person aus dem Sattel („sie steht auf") und und verlagert das Gewicht ihres Körpers im Rhythmus der Trittbewegung nach rechts und links. Das passiert meist, wenn die Trittfrequenz unter 50 U/min (Umdrehungen pro Minute) fällt, die normale Trittfrequenz liegt bei 90-110 U/min. Hier ist es allerdings nicht von Bedeutung, daß die Stirnfläche (frontale Fläche der Person (2 Dimensional)) vergrößert wird, da die Fahrgeschwindigkeit zu gering ist. Zusätzlich sollte die fahrende Person darauf achten, dass Sie ihren Körperschwerpunkt nicht zu weit nach vorne, aber auch nicht zu weit nach hinten verlagert. Das ist von Priorität, da sonst das Hinterrad zu weit „durchrutschen" kann (bei zu weitem Schwerpunkt vorne), oder zu viel. Sonst geht am Pedal zu viel der ausgeübten körpereigenen Gewichtskraft verloren (bei zu weitem Schwerpunkt hinten).
> *(vgl. Gressmann, Michael. (1993). S. 187.)*

7. Reibungsfaktoren

Unterschiedliche Reibungsfaktoren können die Fahrtgeschwindigkeit beeinflussen, sowohl negativ als auch positiv.

Es gibt den Reibungswiderstand, der die drehenden Teile beinhaltet (Lager, Pedale, Kette, usw.), den Schwingungswiderstand und den Rollwiderstand zwischen Fahrbahn und Reifen (50:50). Der Rollwiderstand teilt sich in den Walkwiderstand (unvollkommene elastische Formveränderung zwischen Riefen und Fahrbahn) und den Abrollwiderstand (Kippmoment um den wahren Drehpunkt) auf. Vom Rollwiderstand entfallen etwa 30% für den Walkwiderstand, der Tritt sowohl in, als auch quer zur Fahrtrichtung auf.

Das Ziel beim Rennrad ist es sich mit einem möglichst kleinen Widerstand fortzubewegen, aber trotzdem eine gute Bodenhaftung und einen kurzen Bremsweg zu haben. Zusätzlich soll der Reifen Dämpfung haben, dies ist Allerdings nur möglich, wenn sich ein Mehr an Luft im Reifen befindet, was wiederum dazu führt, daß mehr Rollreibung vorhanden ist. Somit muss man einen Kompromiss finden und schauen, was von höherer Priorität ist.

(Gressmann, Michael. (1993). S. 44.)

8. Fazit

Zusammenfassend kann man sagen, dass es im Rennradsport eine Menge von Einflussfaktoren gibt. Darunter sind sehr viele Offensichtliche aber auch „Versteckte" die man nicht auf den ersten Blick sieht. Wie zu Anfang angenommen, hat die Sitzposition den größten Einfluss auf die Kraftübertragung und somit auch auf die letztendliche Leistung. Zudem entscheidet sie darüber, ob starke Überlastungsschäden schnell entstehen und wie diese aussehen. Des weiteren ist nun zu sehen, daß durchaus auch andere wichtige Einflussfaktoren bestehen. Hierzu zählt z.B. die Aerodynamik und die Trittarten.

9. Literaturverzeichnis

Planet Wissen. Letzter Zugriff am 14. August 2016 um 14:19 Uhr unter: http://www.planet-wis-sen.de/technik/verkehr/geschichte_des_fahrrads/pwiemeilensteinederfahrraden twicklung100.html

Hochmuth, Andreas. (1991). Komm Zeit, komm Rad: Eine Kulturgeschichte des Radfahrens. Verlag: ÖBV.

Richard, Hans Albert; Kullmer, Gunter. (Wiesbaden 2013). Biomechanik: Grundlagen und Anwendungen auf den menschlichen Bewegungsapparat. Verlag: Springer Vieweg.

Laar, Matthias. (2011). Besser Rennrad fahren: Ausrüstung; Fahrtechnik; Training; Wettkampf. Verlag: BLV Buchverlag GmbH & Co. KG.

Ückert, Sandra. (Aachen 2004). Kinematische und dynamische Aspekte der Binnenstruktur von Tretkurbelbewegungen: bewegungstheoretische und trainingswissenschaftliche Bedingungen in Abhängigkeit von Widerstand und Frequenz. Verlag: Shaker Verlag.

Gressmann, Michael. (1993). Fahrradphysik und Biomechanik: Technik, Formeln, Gesetze (5., erw. und veränd. Aufl.). Verlag: Moby Dick.

Ebikesunioldenburg. Letzter Zugriff am 14. August 2016 um 15:19 Uhr unter: https://ebikesunioldenburg.wordpress.com/about/

Roadbike. Letzter Zugriff am 21. August 2016 um 15:17 Uhr unter: http://www.roadbike.de/know-how/fahrtechnik/fahrtechnik-die-richtige-sitzposition.201161.9.htm

Lewerenz, Frank; Kaindl, Martin; Linthaler, Tom. (2012). Das Rennrad - Technikbuch: Material, Technik, Wartung, Einstellungen (1. Auflage). Verlag: Pietsch.

Heinrich, Lothar. (2002). Den Körper zwingen - Ernährung bei der Tour de France

Neumann, G.:,,Physiologische Grundlagen des Radsports". In: Deutsche Zeitschrift für Sportmedizin, Jahrgang 51, Nr. 5 (2000)

Markworth, Peter. (2010). Sportmedizin: Physiologische Grundlagen (24. Auflage). Verlag: Nikol.

Schmidt, Achim. (1994). Handbuch für Radsport: Fahrtechnik und Taktik, Training und Ernährung, Physiologie und Psychologie (6., überarbeitete Aufl. 2006). Verlag: Meyer&Meyer.

Tagesspiegel. Letzter Zugriff am 30. August 2016 um 13:41 Uhr unter: http://www.tagesspiegel.de/sport/doping-im-radsport-epo-und-aicar-verblueffende-parallelen/8549584.html

WDR. Letzter Zugriff am 30. August 2016 um 15:20 Uhr unter: http://www.wdr.de/tv/kopfball/sendungsbeitraege/2011/0410/fahrradfahren.jsp

Dobrinski, Paul; Krakau, Gunter; Vogel, Anselm. (2010). Physik für Ingenieure (12. Auflage). Verlag: Vieweg+Teubner.

Sovndal, Shannon. (2010). Radsport Anatomie: Der vollständig illustrierte Ratgeber für Technik, Kraft, Schnelligkeit und Ausdauer (1. Auflage). Verlag: Corpus Sport.

Weineck, A.; Weineck, J.. Leistungskurssport: Sportbiologische und Trainingswissenschaftliche Grundlagen (8. Auflage 2010). Band 1. Verlag: Südost Verlags Service.

Grifka, Joachim; Engelhardt, Martin; Krüger-Franke, Michael; H. Siebert , Christian (2005). Praxiswissen, Halte- und Bewegungsorgane: Sportverletzungen - Sportschäden. Verlag: Thieme.

Lob; Richter; Pühlhofer; Sigrist (2008). Prävention von Verletzungen: Risiken entwickeln, Strategien entwickeln - ein ärztliche Aufgabe. Verlag: Schattauer.

Frontera, Walter R.; Silver, Julie K.; Rizzo, Thomas D., Jr..(2015). Essentails of Physical medicine and Rehabilitation: Musculoskeletal Disorders, Pain, and Rehabilitation (3. Ausgabe). Verlag: Elsvier Saunders.

Leitzmann; Müller; Michel; Brehme; Triebel; Hahn; Laube. Ernährung n Prävention und Therapie: Ein Lehrbuch (3., vollständig überarbeitete und erweiterte Auflage). Verlag: Hippokrates.

Spiegel Online. Letzter Zugriff am 19. September 2016 um 20:33 Uhr unter: http://www.spiegel.de/wissenschaft/technik/e-doping-wie-man-elektromotoren-in-rennraedern-versteckt-a-1091641.html

10. Abbildungsverzeichnis

Abbildung 1: Letzter Zugriff am 14. August 2016 um 19:00 Uhr: http://img.webme.com/pic/f/fahrrad-merlin/draisine-urfahrrad.jpg

Abbildung 2: Letzter Zugriff am 14. August 2016 um 19:13 Uhr: https://ebikesunioldenburg.files.wordpress.com/2013/06/michauline.jpg

Abbildung 3: Letzter Zugriff am 21. August 2016 um 16:16 Uhr: https://upload.wikimedia.org/wikipedia/commons/thumb/4/4c/PSM_V38_D791_An_ordinary_bicycle_with_lines_of_force.jpg/220px-PSM_V38_D791_An_ordinary_bicycle_with_lines_of_force.jpg

Abbildung 4: Letzter Zugriff am 21. August 2016 um 17:27 Uhr:
https://upload.wikimedia.org/wikipedia/de/6/6e/Niederrad.jpeg

Abbildung 5: Letzter Zugriff am 21. August 2016 um 17:42 Uhr:
http://www.rover-freunde.de/bikes/rover_niederrad.jpg

Abbildung 7: Letzter Zugriff am 19. September um 20:52
Uhr:http://cdn4.spiegel.de/images/image-997573-galleryV9-icrx-997573.jpg

Abbildung 8: Schmidt, Achim. (1994). Handbuch für Radsport: Fahrtechnik und
Taktik, Training und Ernährung, Physiologie und Psychologie (6., überarbeitete
Aufl. 2006). Verlag: Meyer&Meyer. S. 235. Abbildung 8.8..

Abbildung 6: Letzter Zugriff am 25. September um 11:20 Uhr:
http://www.lehrerfreund.de/medien/tecXinha/tec/fahrrad/fahrrad_begriffe.png

11. Tabellenverzeichnis

Tabelle 1; Zeile 7; Spalte 2: Letzter Zugriff am 29. August 2016 um 18:02 Uhr:
http://m.bike-fitline.com/lexikon/rennlenker_119.htm

Tabelle 1; Zeile 3; Spalte 3: Hochmuth, Andreas. (1991). Komm Zeit, komm
Rad: Eine Kulturgeschichte des Radfahrens. Verlag: ÖBV. S. 28 (Abbildung)

Tabelle 1; Zeile 4; Spalte 3: Hochmuth, Andreas. (1991). Komm Zeit, komm
Rad: Eine Kulturgeschichte des Radfahrens. Verlag: ÖBV. S. 28 (Abbildung)

Tabelle 1; Zeile 6; Spalte 3: Ketzer Zugriff am 30. August 2016 um 12:46 Uhr:
https://de.wikipedia.org/wiki/Hochrad

Tabelle 1; Zeile 6; Spalte 3: Ketzer Zugriff am 30. August 2016 um 12:46 Uhr:
http://haltenraum.com/article/fahrradlenker

BEI GRIN MACHT SICH IHR WISSEN BEZAHLT

- Wir veröffentlichen Ihre Hausarbeit,
  Bachelor- und Masterarbeit

- Ihr eigenes eBook und Buch -
  weltweit in allen wichtigen Shops

- Verdienen Sie an jedem Verkauf

Jetzt bei www.GRIN.com hochladen und kostenlos publizieren